न मैं शायर हुआ होता!

"ग़ज़लों और नज़्मों की महफ़िल"

ईशान शर्मा "आनन्द"

BookLeaf Publishing
India | USA | UK

Made with ❤ on the BookLeaf Publishing Platform
www.bookleafpub.in
www.bookleafpub.com

Dedication

"यह संग्रह मेरी पूज्य माता स्व: श्रीमती सुमन शर्मा और पिता श्री
विजय शर्मा को समर्पित है,
जिनके स्नेह, संस्कार और आशीर्वाद ने हर शब्द में अर्थ भरा।"

Preface

कविता सिर्फ़ शब्दों का मेल नहीं होती, यह दिल के जज़्बातों की वो आवाज़ होती है जो ख़ामोशी में भी सुनाई देती है। यह पुस्तक मेरी लिखी हुई ग़ज़लों और नज़्मों का एक छोटा-सा संग्रह है, जो ज़िंदगी के अलग-अलग लम्हों में, अलग-अलग एहसासों से निकलकर काग़ज़ पर उतर आईं।

हर ग़ज़ल में कहीं मोहब्बत की मिठास है, तो कहीं जुदाई की कसक... कहीं उम्मीद की किरण है, तो कहीं तन्हाई का सन्नाटा। वहीं नज़्में मेरे दिल के उन एहसासों का आईना हैं जो कभी किसी याद से, तो कभी किसी ख्वाब से जुड़े हैं।

यह किताब कोई सोच-समझकर बनाई गई योजना का नतीजा नहीं है। यह उन लम्हों की पैदाइश है जब दिल ने खुद से बातें कीं और क़लम ने उन्हें शब्दों में ढाल दिया।

मैं यह दावा नहीं करता कि मेरी लिखावट में कोई साहित्यिक परिपक्वता है, लेकिन इतना यक़ीन ज़रूर है कि इसमें सच्चाई और भावनाओं की ख़ुशबू जरूर मिलेगी। उम्मीद करता हूँ कि मेरे शब्द आपके दिल के किसी कोने में दस्तक दें... और आप इनमें अपने जज़्बातों की परछाई महसूस कर सकें।

सादर,
ईशान शर्मा “आनन्द”

Acknowledgements

इस पुस्तक के लेखन और प्रकाशन के इस सुंदर सफर में अनेक लोगों का योगदान रहा है।

सबसे पहले मैं ईश्वर का हृदय से आभार व्यक्त करता हूँ, जिनकी कृपा और प्रेरणा के बिना यह कार्य संभव नहीं होता।

मेरे माता-पिता का विशेष धन्यवाद, जिनकी दुआएँ और मार्गदर्शन हमेशा मेरे साथ रहे। उनके विश्वास और समर्थन ने मुझे इस किताब को पूरा करने की ताक़त दी।

मेरी धर्मपत्नी “श्रीमती शिखा” मेरे भाई, बहन और मित्रों का भी आभार, जिन्होंने हर मुश्किल घड़ी में मेरा हौसला बढ़ाया और सच्ची प्रतिक्रिया दी।

ऐक शख़्स जिसके बिना मेरी ये किताब कभी पूरी नहीं हो पाती वो हैं अभिषेक”अम्बर” जी। गुरुदेव उर्दू शिरोमणि साहित्यकार स्व: श्री राजेन्द्रनाथ “रहबर” जी द्वारा मेरी लेखनी को परखने और निखारने के लिए अभिषेक जी को ये कार्यभार सौंपा गया था। और मैं उनके इस उपकार के लिए सदा आभारी रहूँगा।

साथ ही मैं प्रकाशक महोदय, संपादक, और उन सभी का धन्यवाद करता हूँ जिन्होंने इस पुस्तक के निर्माण में किसी भी रूप में सहायता की।

अंत में, सभी पाठकों का दिल से आभार, जिनके पढ़ने का प्रेम ही इस प्रयास की असली प्रेरणा है।
आपकी प्रतिक्रियाएँ और स्नेह ही मेरे लेखन की असली पूँजी हैं।

सादर,
ईशान शर्मा "आनन्द"
239, इन्दिरा कॉलोनी मेन रोड,
पठानकोट (पंजाब) - 145001
मो: 9501768829

मैं वो नहीं हूँ

नाम, सूरत और रुतबा तो नहीं हूँ,
जो दिखाई दे रहा हूँ, वो नहीं हूँ।

क्या बताऊँ मैं भला मेरी हकीकत?
लोग समझेंगे वही, मैं जो नहीं हूँ।

तुम मेरी तस्वीर को पकड़े हुए हो,
सामने ग़र मैं नहीं हूँ, सो नहीं हूँ।

मैं ज़हन में हूँ तेरे, हूँ सामने भी,
ऐक ही तो हूँ, यकीनन दो नहीं हूँ।

और गहरा क्यों उतरते हो भला?
ऐक कतरा हूँ, कि मोती तो नहीं हूँ।

ढूढने पर ये समझ आया मुझे बस,
ढूढताँ है जो मुझे, मैं वो नहीं हूँ।

कुछ कह नहीं सकता

ज़रा मजबूरियाँ देखो, कि वो कुछ कह नहीं सकता,
मेरी बेताबियाँ देखो, सुने बिन रह नहीं सकता।

कि शायर काग़ज़ों पर ही लहू दिल का गिराते हैं,
किसी कंधे पे आँखों का ये पानी बह नहीं सकता।

लगी है आग जो दिल में उसे वो क्या बुझाएगा?
मेरे लफ्ज़ों की थोड़ी सी तपिश जो सह नहीं सकता।

उसूलों से चिने ईमान की जब नींव है तेरी,
किसी इल्ज़ाम से किरदार तेरा ढह नहीं सकता।

तुम्हारे रूबरू शिक़वे लबों में तो दबा लूँगा,
निगाहों में मगर पानी ठहर कर रह नहीं सकता।

कभी उठता धुआँ देखूँ

चिता की राख़ में देखूँ, कभी उठता धुआँ देखूँ,
कि दुनिया छोड़ने वाले बता तुझको कहाँ देखूँ?

तेरे बिन कौन है मेरा? किसे पूछूं, कहाँ देखूँ?
फक़त तू ही नज़र आऐ, जिधर देखूँ, जहाँ देखूँ।

समन्दर को प्याले में भरूँ कैसे? ये सोचूँ तो,
कभी तेरा जहाँ देखूँ, कभी अपना मकाँ देखूँ।

कि तू जिस बदज़ुबानी को तेरा अन्दाज़ कहता है,
कभी दिल में नहीं आया कि मैं अपनी ज़ुबाँ देखूँ?

मेरे दिल को निगाहों ने ये किस उलझन में डाला है,
तेरे जाते कदम देखूँ, कभी ठहरे निशाँ देखूँ।।

न मन्दिर में, न मस्जिद में, न इन्साँ में मिला जब तू,
मेरे दिल में ये आया है कि अब मैं आसमाँ देखूँ।

सुनो

कृष्ण, गोविंदा, मनोहर, श्याम, मुरलीधर सुनो,
क्या नहीं है दिल में मेरे, कह न पाऊँ, पर सुनो।।

मैं न जानूँ किस कदर जज़्बात रक्खूँ सामने,
दर मगर मैं लाल कर दूँ गा पटक पर सिर, सुनो।।

दिल में आता है तुम्हारे सामने रोता रहूँ,
सिसकियों में बात कह दूँ और तुम हंसकर सुनो।।

कुछ कहो, कुछ तो कहो, कोई इशारा तो करो,
ये फक़त मूरत है पत्थर, तुम नहीं पत्थर, सुनो।।

बूंद हूँ! ख़ुद में मिला लो, अब मुझे सागर करो,
और मेरा क्या ठिकाना? कौन सा है घर? सुनो।।

5. हाल मुझ सा

हाल मुझ सा अगर तेरा होता,
तो लबों पर ख़ुदा-ख़ुदा होता।

अश्क़ होगा, तभी छुपा सा है,
खून होता, टपक गया होता।

दर्द सुनता अगर मेरा साक़ी,
जाम मेरा भरा-भरा होता।

तीरगी ही मेरा पता होती,
मैं बुझे एक चिराग सा होता।

ऐक तस्वीर हो गया हूं मैं,
तू मुझे यूं न देखता होता।

सिर तेरी गोद में टिकाता मैं,
और मौसम सुहावना होता।

ग़र न रुख़ पर तेरे झुकी होती,
ज़ुल्फ़ में मैं न मुब्तिला होता।।

गिर न जाए आसमाँ

चुप रहा तो सब कहेंगे बेजुबाँ,
बोल दूं तो गिर न जाए आसमाँ।

तुम समझते हो कि होगी रोशनी,
मैं जला तो फिर उठेगा बस धुआँ।

बात दिल की शायरी में आ गई,
अब शहर भर में है मेरे राजदाँ।

बस तुम्हें ही देखती है हर नज़र,
देखना है देखते हो तुम कहां?

मैं सवालों से घिरा था देर तक,
रात भर मैं देखता था कहकशाँ।

इक इमारत में न था घर सा सुकू, ँ
यूँ ठहरने को मिले लाखों मकाँ।

कमाल कर डालूँ

सोचता हूं सवाल कर डालूँ,
आज खुद से बवाल कर डालूँ।

फिर तेरी बात पर यकीं कर लूं,
दिल में आये, मजाल कर डालूँ।

लोग बोलें तो शायरी पढ़ दूँ।
तू कहे तो कमाल कर डालूँ।

ज़िन्दगी है ज़रा सी चिंगारी,
बन पड़े तो मशाल कर डालूँ।

आ गई मौत की घड़ी सिर पर,
गलतियों पर मलाल कर डालूँ।

यूं ग़ज़ल में तुझे पिरो दूँ मैं,
हर अदा ला-जवाल कर डालूँ।

किससे कहूं?

हाल दिल का ए खुदा किससे कहूं?
या यही बेहतर के मैं चुप ही रहूँ?

गिर गया तो फिर मेरी कीमत ही क्या?
अश्क़ हूं तो मैं निगाहों में रहूं।

मैं तपूँ, खुद को जलाऊँ इस कदर,
रोशनी बनकर चिरागों से बहूँ।

आख़िरी सौगात तेरा गम सही,
इश्क़ कहता है इसे जी भर सहूँ।

कल शिकायत थी कि वह सुनता नहीं,
अब मुसीबत है कि मैं कैसे कहूं?

मैं कैसे कहूं?

हाल दिल का ए खुदा किससे कहूं?
या यही बेहतर कि अब मैं चुप रहूँ।

गिर गया तो फिर मेरी कीमत ही क्या?
अश्क़ हूं तो मैं निगाहों में रहूं।

मैं तपूँ, खुद को जलाऊँ इस कदर,
रोशनी बनकर चिरागों से बहूँ।

आख़िरी सौगात तेरा गम सही,
इश्क़ कहता है इसे जी भर सहूँ।

कल शिकायत थी कि वह सुनता नहीं,
अब मुसीबत है कि मैं कैसे कहूं?

क़रार ढूढेंगा

बाद मेरे क़रार ढूढेंगा,
रात दिन बार-बार ढूढेंगा।

तू किसी रोज़ फूल लाऐगा,
और मेरी मज़ार ढूढेंगा।

आ गया ज़िंदगी उसे जीना,
जो ख़िजा में बहार ढूढेंगा।

देख बरसात दिलजला कोई,
आसमां में दरार ढूढेंगा।

तू गया फिर ये जाम भी छूटे,
दिल कहां अब ख़ुमार ढूढेंगा?

नज़र आया

कुछ सुकू, कुँछ गुमाँ नज़र आया,
दूर जब आशियाँ नज़र आया।

मैं बुलंदी समझ रुका ही था,
सामने आसमां नज़र आया।

ख्वाहिश-ए-ग़म में दर-बदर भटका,
फिर तेरा आस्ताँ नज़र आया।

साफ लफ्जों में बात कह दी तो,
मैं ज़रा बदज़ुबाँ नजर आया।

रब छुपा था कहीं मेरे अंदर,
वो कहां था, कहां नजर आया।

आ गया जब यकीं मुझे खुद पर,
फूल में गुलिस्तां नज़र आया।

ज़िंदगी, ज़िन्दगी समझ ली तो,
इम्तिहाँ, इम्तिहाँ नज़र आया।

तालियां बजती रहीं

देर तक रस्ता तेरा आंखें मेरी तकती रहीं,
चल रही थी आंधियां पर शम्अएं जलती रहीं।।

मिट गई हस्ती मगर सिर को नहीं झुकने दिया,
राख़ से चिंगारियां भी रोशनी करती रहीं।।

ज़ख्म अपने खुद ख़रोंचे, फ़िर दिखाए भीड़ को,
शायरी समझी सभी ने, तालियां बजती रहीं।।

छोड़कर बचपन जवानी में कदम डाला कि बस,
मुश्किलों की बाढ़ आई, राहतें हंसती रहीं।।

कल तसव्वुर में मेरे तू जागता था रात भर,
रात भर मेरी निगाहें नींद से लड़ती रहीं।।

देखते ही देखते वो बेवफाई कर गए,
धड़कनें मेरी वफ़ा की आयतें पढ़ती रहीं।।

क्या बताऊं?

किनारों को किनारों से मिलाऊँ,
अधूरों को मुकम्मल फिर बनाऊं।

मुझे समझो न तन मैं आत्मा हूं,
हकीकत हूं हकीकत ही कहाऊं।

चलो बातें करें कुछ आज ऐसे,
न बोलो तुम, न मैं ही कुछ बताऊँ।

खुदा इतना करम कर दे फ़कत तू,
कि जब खुद से मिलूँ तो मुस्कुराऊं।

चिराग-ऐ-शब मेरी जानिब जला दो,
मेरे हालात मैं खुद क्या बताऊं?

लहू से दूं तेरे होठों को लाली,
तेरा माथा सितारों से सजाऊं।

जमाने को कभी किस्मत को कोसूं,
बहाने पर बहाने मैं बनाऊं।

शराब पीता हूँ

इस क़दर अब शराब पीता हूँ ।
रात दिन बेहिसाब पीता हूँ ।।

आदतों से मेरी हूं शर्मिंदा,
ओढ़ कर अब नक़ाब पीता हूं।।

जो तेरे प्यार की निशानी थी,
देख कर वो गुलाब पीता हूं।।

तुम पियो तो शराब अच्छी है,
मैं पियूं तो ख़राब पीता हूं?

तू ग़ज़ल बन ज़हन में आती है,
खोलकर जब किताब पीता हूं।।

लोग मुझको कहें शराबी, तो..
मैं समझ कर ख़िताब पीता हूं।।

जब से छूटी तेरी नज़र की मय,
मयकदे की शराब पीता हूं।।

तस्वीर तेरी खो गई

जेब से तस्वीर तेरी खो गई।
थी मेरी सारी कमाई जो, गई।

आज फिर तुझको निहारा देर तक,
देख, मुझसे बेहयाई हो गई।

दर्द मेरा दिल में था, दिल ही में है,
आह इसकी आसमानों को गई।

शाम तक भी जब नहीं चुल्हा जला,
कोसकर माँ मुफलिसी को सो गई।

बात ख़ाली जेब की मेरी छिड़ी,
मौत सबकी ख्वाहिशों की हो गई।

जब न तूफाँ में जले मुझसे दिये,
आँख मूँदी, रोशनी सी हो गई।

16. कौन हूं मैं?

कौन हूं मैं क्या हकीक़त है मेरी?
इस जहां को क्या जरूरत है मेरी?

मैं निशाना बन गया तहरीर से,
तू सलामत है, शराफ़त है मेरी।

खन्जरों को आस्तीनें क्या मिलीं,
ताक पर देखो मुहब्बत है मेरी।

मैं नदी में तैरता उफान हूं,
सब किनारों से बगावत है मेरी।

मैं भला कैसे कहूं कि इश्क़ है?
देख लो कैसी तबीयत है मेरी?

रात काली स्याह

रात काली स्याह थी पहले मगर।
तुम मिले, अब रोशनी है बेशतर॥

मैं हुआ वाक़िफ़ सुकूँ के नाम से।
जिस घड़ी तुम पर पड़ी मेरी नज़र ॥

तू मुक़द्दस है, बड़ा पुरनूर है।
मैं रहा अज़मत से तेरी बेख़बर॥

दूर तुझसे जा न पाऊँगा कभी।
मैं मुसाफ़िर, तू जहाँ भर का सफ़र॥

तिश्नगी की फिर न कोई हद रही।
तू समन्दर सा मुझे आया नज़र॥

इश्क़ बनकर तू मेरी रग-रग में था।
ढूढताँ था मैं क्या जाने दर बदर ?

तुम्हीं हो

बला और मुसीबत, क़यामत तुम्हीं हो,
सुना है किसी से मुहब्बत तुम्हीं हो॥

मेरा मर्ज़ तुम हो, तुम्हीं हो दवा भी,
मुसीबत तुम्हीं हो, ज़रूरत तुम्हीं हो॥

तुम्हीं धाम हो और काबा भी हो तुम,
तुम्हीं बन्दगी हो, ज़ियारत तुम्हीं हो॥

जवानी की नादानियाँ हैं तुम्हीं से,
बुज़ुर्गों के जैसी मतानत तुम्हीं हो॥

कभी ज़िन्दगी हो, कभी मौत हो तुम।
कहानी तुम्हीं हो, हक़ीक़त तुम्हीं हो॥

तुम्हीं हिज्र में अश्क़ बन के हो बहते,
मुहब्बत का पहला लिखा ख़त तुम्हीं हो॥

ख़तावार हूँ मैं, शिकायत भी मेरी,
सज़ा चाहता हूँ, अदालत तुम्हीं हो॥

ऐक ही है

कि ख़न्जर हैं दो पर मयाँ ऐक ही है,
सगे भाइयों का मकाँ एक ही है।

मेरे घर में सब आदमी अजनबी हैं,
पता एक है, आशियाँ एक ही है॥

करो तो ज़रा आरज़ू-ए-बुलंदी,
ये किसने कहा आसमान एक ही है?

फ़क़त वाक़िये हैं अलग आशिकों के,
करो ग़ौर तो दास्ताँ एक ही है॥

जहाँ देखकर घर को लौटा तो जाना।
सुकू सैं भरा आस्ताँ एक ही है॥

तेरा ग़म, ग़रीबी, शराफ़त, मुक़द्दर।
कि दुश्मन कईं, और जहाँ एक ही है॥

सब कहेंगे बेज़ुबाँ

चुप रहा तो सब कहेंगे बेज़ुबाँ,
बोल दूँ तो गिर न जाए आस्माँ।

तुम समझते हो कि होगी रोशनी,
मैं जला तो फिर उठेगा बस धुआँ।

बात दिल की शायरी में आ गई।
अब शहर भर में हैं मेरे राज़दाँ।

बस तुम्हें ही देखती है हर नज़र।
देखना है, देखते हो तुम कहाँ?

मैं सवालों से घिरा था देर तक।
रात भर मैं देखता था कहकशाँ ॥

सब्र रखना है ज़रूरी इश्क़ में।
रेत की बुनियाद पर कैसा मकाँ?

शायरी दे जा

मेरे महबूब नज़राने में कुछ ग़म आख़िरी दे जा,
मुझे कुछ ज़ख़्म दे, मेरी क़लम को शायरी दे जा।।

ज़रा मायूस भी कर दे, ज़रा मजबूर भी कर दे,
ज़रा सी दे उदासी और थोड़ी बेकली दे जा।।

गुज़ारिश है मेरी हर दिन न ताज़ा जख़्म दे मुझको,
कि दर्द-ओ-ग़म मेरे हिस्से हैं जितने आज ही दे जा।

समझ दे, ज्ञान दे उस पर जुबाँ शीरीं अता कर दे,
बना तलवार दो धारी मयाँ को सादगी दे जा।

लबों को दे भले मुस्कान, चाहे आंख को पानी,
मुझे मंजूर है सब जो लगे तुझको सही दे जा॥

ये ज़ुबाँ पत्थर नहीं

ये ज़ुबाँ पत्थर नहीं, तलवार है ,
कम चली है पर बराबर धार है।

देखकर, नज़रें घुमा लेना परे,
हुस्न वालों का यही हथियार है।

जो सही तुमको लगे करते चलो,
ज़िंदगी खुद का चुना किरदार है।

बाद तेरे भी धड़कता ही रहा,
दिल फरेबी, बेवफ़ा, मक्कार है।

बल पड़े माथे को उसने चूम कर,
हाथ से छीना मेरे अख़बार है।

कल भी वो था दूर, अब भी दूर है,
जिंदगी बेज़ार थी, बेज़ार है।

ढूढ ंली मैंने मेरे अंदर ख़ुशी,
आज ग़म नाकाम है, लाचार है।

यह बदन ख़ैरात

यह बदन ख़ैरात का है, सांस भी एहसान है
ज़िंदगी है धर्मशाला, आदमी मेहमान है ।

खींच कर मेरी कलाई पूछता है क्या हुआ?
हाथ में हैं नब्ज़ फिर भी हाल से अनजान है॥

कर बला का सामना गर है जिगर में हौसला।
बेसबब यूं मुश्किलों से भागना आसान है।

क्या सही है? क्या ग़लत? में ही फंसा है आदमी,
ज़ात, मज़हब झूठ हैं सब, सच फक़त ईमान है।

ख़ाक से फिर ख़ाक तक का ही सफ़र है ज़िन्दगी,
ख़ाक मैं हूं, ख़ाक तू है, ख़ाक हर इन्सान है।

रंग पल पल आदमी के यूं बदलते देखकर,
वक्त, मौसम और गिरगिट, हर कोई हैरान है॥

क्या क्या नहीं

राज़ ,मन्ज़िल, इक पहेली, या सफर क्या क्या नहीं?
ज़िन्दग़ी तू क्या बला है? आदमी समझा नहीं।

की नमाज़ें सब किसी ने, की किसी ने आरती,
बोल दुहराऐ सभी ने ,सुर मगर पकड़ा नहीं।।

मंज़िलों पर ला खड़ा करती हैं सारी कोशिशें,
राह सागर का नदी को पूछना पड़ता नहीं।।

इक अधूरा सा कोई जज़्बा हूँ मैं उसके बिना,
जो मुकम्मल शे'र करदे पास वो मिसरा नहीं।।

शम्अ हूं वो मैं सिर उठाऐ जो रखे तूफान में,
चूमता हूं ख़ंजर-ए-क़ातिल कि मैं डरता नहीं।।

थमा गए वो गुलाब

थमा गए वो गुलाब देखो,
सवाल वालों, जवाब देखो।

शबाब पर है हिजाब देखो,
बाज़ार का इज़्तिराब देखो।

हवा को बाँधे निकल पड़ा है,
हबाब है ,पर रुआब देखो।

सवाल करना मुझे न आया,
दिया न उसने जवाब देखो।

शबाब भी है शराब भी है,
घड़ी मगर है ख़राब देखो।

निभा रहा है वफा ज़माना,
निगाह में है सराब देखो।

किया न धोखा, न बेवफाई,
हुआ न मुझसे हिसाब देखो।

बयां करूं गर वतन को मेरे,
चढ़ा हुआ आफ़ताब देखो।

मेरी मौत पर

दे मुझे सौग़ात मेरी मौत पर।
इक क़फन ख़ैरात मेरी मौत पर।।

ख़ूब रुपए लाश पर होंगे पड़े,
देखना औक़ात मेरी मौत पर।।

यार के कन्धे चढ़े अर्थी मेरी।
यूँ सजे बारात मेरी मौत पर।।

सब विदा करने चले आना मुझे।
सोचना मत ज़ात मेरी मौत पर।।

प्यार उमड़ेगा सभी का ऐक दिन।
झूठ सब सदमात मेरी मौत पर।।

रुह देखेगी नज़ारा शौक़ का।
तर-बतर हालात मेरी मौत पर।।

ऐ ख़ुदा मेरी चिता जल-जल बुझे।

ख़ूब हो बरसात मेरी मौत पर।।

चाँद तारे भी न मिलने आ सकें।
हो अन्धेरी रात मेरी मौत पर।।

चार दिन चर्चे रहेंगे मौत के।
फिर न होगी बात मेरी मौत पर।।

नज़्म

नज़्म

सुकू, नींद, मेरी खुशी ले गया तू,
मेरी लूटकर आशिक़ी ले गया तू।।

न जाने कहां ले गया तू मुहब्बत,
निगाहों में सब कांच सा चुभ रहा है।।
बढ़ी जा रही है मेरी प्यास लेकिन,
जहां तक समंदर था सहरा हुआ है।।
चुराकर कहां पर नमी ले गया तू?

सुकू, नींद, मेरी खुशी ले गया तू,
मेरी लूटकर आशिक़ी ले गया तू।।

बहारें, नज़ारे, नदी के किनारे,
ये चंदा- सितारे गए साथ तेरे।।
हवाओं की सरगम, न बारिश की छम छम,
न कलियां, न शबनम रहे पास मेरे।।
जहां भर में जो था, सभी ले गया तू।।।

सुकू, नींद, मेरी खुशी ले गया तू,
मेरी लूटकर आशिक़ी ले गया तू।।

लगे वक्त ने ज्यों रवानी भुला दी,
महीनों से जैसे नया कुछ नहीं है।।
तेरे ही इशारे पर खामोश हैं सब,
जहां जो खड़ा था, अभी भी वहीं है।।
मेरे दिन, महीने, सदी ले गया तू।।।

सुकू, नींद, मेरी खुशी ले गया तू,
मेरी लूटकर आशिक़ी ले गया तू।।

नज़्म

अब चुरा ख़ुद से नज़र जाऊं कहां ?
मैं चला जाऊं मगर जाऊं कहां?

बेबसी की बेड़ियां जकड़ें मुझे,
ये हया की बाज़ुएं पकड़ें मुझे,
कशमकश है बेशतर जाऊं कहां?

मैं चला जाऊं मगर जाऊं कहां?

मैं न जानूँ रहगुज़र किस ओर है?
धुंध छाई है, नज़र कमज़ोर है।
बेसहारा, बेख़बर जाऊं कहां?

मैं चला जाऊं मगर जाऊं कहां ?

ये गली या वो गली? दिल तू बता?
कौन सी चौखट पे जाऊं दे पता?
कर इशारा किस डगर जाऊं कहां?

मैं चला जाऊं मगर जाऊं कहां?

नज़्म

क्या हुआ है बाद तेरे क्या कहूं?
मैं बता हालात मेरे क्या कहूं?

दम भरूँ तो छीलती जाए हवा,
काम अब आते नहीं दारू दवा।।
बेबसी है, बेकरारी हर घड़ी,
दे दुआ कोई कि आ जाए कज़ा।।

डस रही है हर घड़ी जाती हुई,
जिस्म मेरा नोचती-खाती हुई।।
मैं तड़पता बस यही सोचा करूं,
मौत आऐ मर्सिया गाती हुई।।

ग़म में तेरे रूह तक है जल रही,
और आंखें आँसुओं से गल रही।।
मर चुका हूं मैं मेरे अंदर कहीं,
नब्ज़ यूं ही ख़्वाह-मख़्वाह है चल रही।।

जान निकली, जिस्म का फिर जो हुआ,
हाल तेरे बाद मेरा वो हुआ।।

मैं शिकायत अब किसी से क्या करूं?
जो मेरी तक़दीर में था सो हुआ।।

नज़्म

करे सजदा भला तेरी गली में क्यों नहीं काफ़िर?
ख़ुदा के नाम पर उसको यक़ीं आया यहीं आख़िर।

पहुँचते ही गली में इस क़दर पाया सुकून-ए-दिल।
कि जैसे एक भटकता सा मुसाफ़िर पा गया मंज़िल॥

गली में देखता है वो नज़ारे पाक जन्नत के,
खिले से फूल, कलियाँ, हर तरफ़ मौसम मुहब्बत के ॥

गई जिस पर नज़र उसकी, वही चेहरा तुम्हारा था।
पर अपने रूप से तुमने यह सब कैसे सँवारा था ?

नज़र खिड़की में आई जब खड़ी मूरत क़यामत की,
सुलगने सी लगी चिंगारियाँ दिल में इबादत की॥

रुख़ों पर थीं लटें जैसे उतरते शाम के साए,
निगाहों की चमक मौला गिराती बिजली जाए॥

यही काफ़िर के दिल में आ रही थी बात रुक-रुक के,
नज़र तेरी पड़े इक बार तो सजदा करे झुक के॥

मगर नज़रें मिलीं जब तो यकायक आसमाँ गरजा,
हुई फिर बंद खिड़की और वो दीदार को तरसा॥

हज़ारों बादलों ने टूटकर बरसात की आख़िर।
हुआ सब तर-बतर आलम मगर प्यासा रहा काफ़िर॥

निगाहों को उठाकर आसमाँ से पूछता है वो,
बताओ पूछ कर रब से भला क्या चाहता है वो?

ठगा सा लग रहा था वो ख़ुदा की इस शरारत से।
मगर पाकर चला था कुछ सुकू काँफ़िर ज़ियारत से॥

नज़्म

उन निगाहों में खामोशी सी है,
होंठ भी हैं सिले हुए कब से।
बोझ दिल पर ज़रूर है कोई,
बात जल्दी लबों पे आएगी।

चल रही है तलाश लफ़्ज़ों की,
भागती पुतलियाँ बताती हैं।
राज़ मालूम है मुझे शायद –
तुम मुझे ज़ख़्म देने आए हो।

लफ़्ज़ चुनने में वक़्त लेते हो...
ख़ैर, मेरा लिहाज़ ही होगा।
मैं कहीं दर्द सह न पाया तो,
लोग इल्ज़ाम तुमको दे देंगे।

सिर पे अब आसमाँ गिरा ही दो,
मैं परेशान हूँ तुम्हारी चुप से।
और कब तक नमी छुपाऊँगा?
आज दरिया-ए-चिनाब बहने दो!

इल्तिजा है मेरी मगर तुम से –
ज़ख़्म मेरे कुरेदते रहना।
भर न जाएँ कहीं निशाँ सारे...
इश्क़ की आख़िरी निशानी है!